Dissertation
sur
L'origine, les causes et les effets
de la Cassation.

Par Guichard, avocat.
1825.

DISSERTATION

SUR L'ORIGINE,

LES CAUSES ET LES EFFETS

DE LA CASSATION.

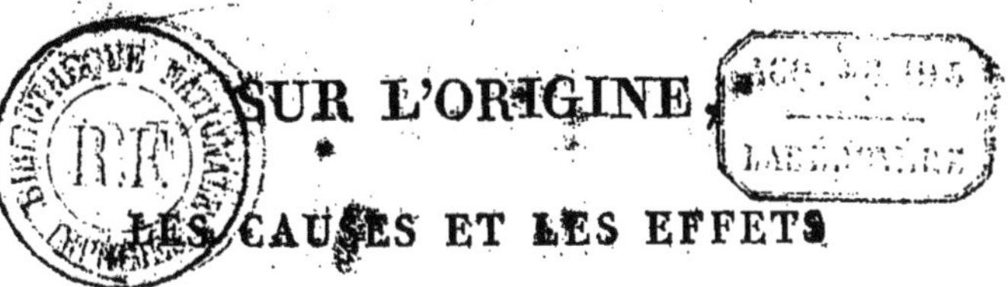

~~~~~~~~~~~~~~~~~~~~~~~~~~~~~~

QUESTION

De Droit public.

~~~~~~~~~~~~~~~~~~~~~~~~~~~~~~

Par M. G...., Avocat.

————◆————

A PARIS,

DE L'IMPRIMERIE DE Mᵐᵉ. Vᶜ. PORTHMANN,
RUE SAINTE-ANNE, Nᵒ. 43.

~~~~~~~~~~~~

1825.
~~~~~~~~~~~~

Paul ayant été définitivement jugé seul propriétaire de cet immeuble, il en revendique la possession et les fruits contre les tiers détenteurs ; sauf leur recours contre celui qui leur a indûment vendu.

Ceux-ci répondent :

« Qu'ils sont acquéreurs de bonne foi, et par une adjudication faite en vertu d'un arrêt de Cour souveraine , d'un arrêt qui avait jugé que *Pierre* était le vrai propriétaire de l'immeuble; — que l'événement ultérieur de la cassation de cet arrêt pouvait d'autant moins avoir l'effet d'anéantir la vente faite par *Pierre*, qu'un article formel de la loi qui a institué la Cour de cassation, dispose textuellement qu'en matière civile , le recours en cassation *ne suspend pas l'exécution* des arrêts attaqués ; — que la révocation qui peut survenir, ensuite, de ces arrêts, ne peut avoir l'effet de révoquer les droits acquis à des tiers; — qu'autrement, ce serait tromper la foi prblique, anéantir l'autorité de la chose jugée, rendre incertaine et flottante la propriété des immeubles acquis sous la garantie même de la loi et des tribunaux. »

Cette difficulté , reportée devant la Cour dont l'arrêt avait été cassé, y a été résolue à l'avantage du vendeur et des acquéreurs.

(3)

Par les motifs que l'on vient de retracer, *Paul* a été démis de sa demande en restitution des immeubles en nature, condamné à se contenter du prix moyennant lequel ils avaient été vendus.

C'est cette décision qu'il s'agit d'apprécier en ce moment.

ET D'ABORD, qu'est-ce que la *Cassation* ?

Ce n'est pas une simple émendation ou réformation d'un jugement par un juge supérieur.

C'est la déclaration solemnelle, faite par le *Souverain* lui-même, ou par la Cour à laquelle il a confié ce pouvoir, que tel jugement a violé telle loi ; que, conséquemment, ce jugement doit être réputé non-avenu.

Le Juge d'appel infirme le jugement de première instance, toutes les fois qu'il estime que celui-ci a mal jugé, d'une manière quelconque ; soit en point de fait, soit en point de droit ; et il rend de suite justice aux parties, en statuant sur le fond du litige.

La Cour de cassation n'examine qu'une seule chose, savoir: si quelque loi a été violée par le jugement déféré à sa censure. Si cette violation lui paraît certaine, le jugement est *cassé*, c'est-à-dire déclaré

1 *

nul, radicalement nul, et comme n'ayant jamais existé (1).

Et rien de plus ; après avoir proclamé la nullité de ce jugement, la Cour de cassation ne met pas une autre décision à sa place ; elle ne fait point droit aux parties ; elle ne statue rien sur le fond de leur différend ; elle les renvoie à se faire juger par un autre tribunal, comme s'il n'était encore intervenu aucun arrêt entre elles.

Institués par le Souverain, pour administrer la justice en son nom et à sa décharge, les Juges ne sont en cette partie que ses délégués, ses mandataires.

Donc, leur premier devoir, en jugeant, c'est de se conformer aux lois qu'il leur a données.

Ils n'ont le pouvoir de juger que de la manière prescrite par ces mêmes lois.

Mais le Législateur n'a pu tout prévoir.

Sa sagesse n'a pu régler, à l'avance, tout ce qui peut devenir un sujet de querelle entre les citoyens.

Tous les jours, il se présente des difficultés entre eux, sur lesquelles aucune loi ne peut être invoquée ; et, dans ces cas, les Juges n'ont d'autre règle à consulter, que l'inspiration de leur conscience, que le sentiment de l'équité naturelle.

---

(1) Le mot *casser*, *cassé*, est sans doute un dérivé du mot latin *cassus, a, um* : qui signifie vain, inutile, de nulle valeur.

Mais où la loi parle, les juges doivent se conformer à son précepte. S'ils s'en écartent, soit en choquant directement sa lettre, soit en faussant ses dispositions, soit en les éludant par de vains prétextes ; alors ils sortent des limites de leurs pouvoirs ; ils ne jugent plus, ils font un acte arbitraire.

« Dans ce cas (comme l'a dit, dans son style
» énergique, un des plus savans magistrats de la
» France), la loi ne voit et ne peut voir dans les
» juges, que *des hommes sans caractère public.*
» Les actes émanés d'eux, quelle qu'en soit la forme,
» ne sont, à ses yeux, que *des actes privés, qu'elle*
» *frappe d'une nullité radicale* » (*Tr. de l'Aut.*
jud. dans les Gouv. monarch. Ch. 15.)

Quelques lois romaines allaient jusqu'à dire qu'il est permis de désobéir aux jugemens rendus contrairement aux constitutions des empereurs ; que ces jugemens étaient nuls de plein droit, sans qu'il fût besoin d'en appeler.

Voyez au Code et au Digeste. *De appell.* l. 19, — *Quando provocare non est necesse,* l. 2. *Quæ sententiæ sine appellatione rescindantur.*)

Plusieurs de nos anciennes Ordonnances prononçaient également, d'avance, la nullité de tous jugemens ou arrêts qui seraient rendus contre la teneur de leurs dispositions.

(6)

« *Voulons* que les ordonnances faites, tant par
» Nous que par les rois nos prédécesseurs, soient
» inviolablement gardées....

» *Déclarons* les jugemens et arrêts donnés contre
» la forme et teneur d'icelles, *nuls, de nul effet et*
» *valeur.* » (Ordonn. de Blois, art. 208.)

» *Déclarons* tous arrêts et jugemens qui seront
» donnés contre la disposition de nos ordonnances,
» édits et déclarations, *nuls et de nul effet et va-*
» *leur ;* et les juges qui les auront rendus, respon-
» sables des dommages et intérêts des parties, ainsi
» qu'il sera par nous avisé. » (Ord. de 1667, t. 2,
a. 8.)

Cependant, qui sera juge du point de savoir si tel
jugement que la partie condamnée prétend avoir
prononcé contrairement aux lois, a effectivement
choqué la lettre ou le vrai sens de ces lois ?

S'il eût suffi à la partie de le dire, aucun jugement n'eût jamais été exécuté.

Alors même qu'une telle contravention est allé-
guée comme évidente, il n'est pas toujours facile de
discerner si elle existe réellement.

De là, la nécessité, qui fut bientôt sentie, d'éta-
blir un mode particulier de recours, d'instruction
et de décision, quant aux jugemens en dernier ressort, qui seraient argués de contravention aux lois.

Ce recours particulier, sous les Empereurs romains, avait lieu par une supplique, *supplicatio*, qui s'adressait à l'Empereur même; à la différence de l'appel, *appellatio, seu provocatio*, qui avait lieu d'un juge inférieur au juge supérieur. — « *Li-* » *tigantibus in amplissimo prætorianæ præfec-* » *turæ judicio, si contra jus se læsos affirment,* » *non* PROVOCANDI, *sed* SUPPLICANDI, *licentiam* » *ministramus.* » (Const. des Empereurs *Dioclé-tien* et *Maximin*, C. lib. VII, t. 42, *de sentent. præfect.*)

Ces sortes de recours contre les jugemens non susceptibles d'appel, se jugeaient dans le Conseil du Prince ; et *Tacite*, dans ses *Annales, liv. XIV*, §. 28, nous apprend que le suppliant était tenu de consigner une amende, qui était encourue lorsqu'il succombait.

Par plusieurs textes des *Etablissemens de Saint-Louis*, on voit que cette forme de *supplication*, ou recours à la personne même du Prince, était encore en usage, de son temps; à l'encontre des jugemens rendus par ses juges en dernier ressort, et pour les cas seulement où on leur reprochait une *erreur de droit*.

L'ordonnance rendue à *Blois*, en 1579, sur les cahiers des Etats, pour la réforme des abus qui s'étaient introduits sous les règnes précédens, régla, entre autres choses : qu'il n'y aurait plus que trois voies ou manières d'attaquer les arrêts et jugemens en dernier ressort : la voie de *la Requête civile*, la *Proposition d'erreur*, plus *la forme prescrite par les ordonnances*. (Art. 92.)

La *Requête civile*, et la *Proposition d'erreur*, n'étaient autres qu'une *demande en récision* du procès, pour cause *d'erreurs matérielles échappées aux juges sur les points de fait*.

La *forme prescrite par les ordonnances*, était la *demande en déclaration de nullité*, pour cause de *violation des ordonnances*.

Les *requêtes civiles* et *propositions d'erreurs*, se discutaient devant la Cour même d'où était émané l'arrêt argué; mais ne pouvaient s'intenter qu'après en avoir obtenu la permission du Roi, par lettres de grande chancellerie.

Les demandes *en déclaration de nullité*, pour cause de violation des ordonnances, se portaient devant le Roi même, et ne pouvaient être jugées que par lui en son Conseil d'État.

L'ordonnance de Louis XIV, sur la procédure civile, réduisit la *requête civile* à certains cas expressément désignés, et n'admit plus d'autre proposition d'erreur, contre les arrêts ou jugemens en dernier ressort. (Tit. 55.)

(9)

Et quant à ceux qui seraient rendus *contre la dis-*
position des ordonnances, édits et déclarations,
elle se contenta de les *déclarer,* de nouveau, *nuls,*
de nul effet et valeur (art. 8 du tit. 1ᵉʳ.), comme avait
déjà fait l'ordonnance de Blois.

Puis, ont été donnés les divers réglemens, qui
ont déterminé le mode d'application de cette annul-
lation, généralement déclarée en principe; qui lui
ont assigné plus proprement le nom de *Cassation*;
cassation qui, jusqu'en 1790, fut appliquée par un
Conseil suprême présidé par le Roi; et qui, depuis
cette époque, a été prononcée par une Cour spé-
ciale, unique, inamovible, à laquelle le Roi a remis
l'exercice de cette portion de sa souveraineté.

La *Cassation,* remarquons-le bien encore une
fois, n'est donc autre chose, que la déclaration,
faite par le Souverain même, que tel acte rendu sous
la forme d'un jugement, n'est point un jugement;
qu'il n'en a jamais eu ni le caractère, ni la force, ni
la nature; par cela seul qu'il ordonnait ou condam-
nait d'une manière contraire à la loi.

C'est ce que reconnaît et dit encore le grand magistrat déjà cité :

« La Cassation des jugemens en dernier ressort
» est un *acte de l'Autorité suprême, qui déclare*
» *nulle une décision judiciaire,* qui, *quoique ren-*

» *due sous la dénomination de jugement ; n'est*
» *cependant pas un véritable jugement ; et remet*
» *les parties dans l'état où elles étaient avant cette*
» *décision.* »

Plus loin : « *Ce n'est pas un acte de jurisdiction ;*
» *mais un acte de surveillance ; ou, si l'on veut,*
» DE HAUTE POLICE. »

Aussi, comment étaient conçus les anciens Arrêts de cassation, rendus par le Conseil d'Etat :

« LE ROI, *en son Conseil,... a cassé et annullé,*
» *casse et annulle ledit jugement ou arrêt du.......*
» ET TOUT CE QUI S'EN EST ENSUIVI, *etc.* »

(*Voir* le Réglement de 1738, avec les explications et formules publiées par M. de *Tolozan,* maître des requêtes, qui nous apprend que ces formules avaient été arrêtées par une Commission composée de plusieurs conseillers d'Etat, nommés *ad hoc,* par M. le Chancelier *d'Aguesseau.*)

Aujourd'hui, et depuis l'établissement de la Cour de Cassation, le prononcé des arrêts de cassation contient toujours, après les mots : *Casse et annulle,* etc., ceux-ci : REMET LES PARTIES AU MÊME ÉTAT QU'AUPARAVANT LEDIT ARRÊT, etc....

Ces expressions ne sont point équivoques ; elles ont un sens clair, absolu.

Elles confirment le principe ci-dessus établi,

que la Cassation n'est autre chose que la déclaration faite par l'Autorité suprême, que tel acte qualifié jugement ou arrêt, n'a jamais existé comme jugement, n'en a jamais eu ni le caractère, ni la vertu; qu'il est nul *à principio*; qu'il n'a pu conséquemment produire aucun effet; que tout ce qui a été fait en exécution de ce jugement, est pareillement *nul, de nul effet et valeur.*

S'IL EST VRAI, en principe, que telle est la Cassation; que tel est l'effet qu'elle produit: Dès ce moment il ne peut plus y avoir de doute sur la question dont il s'agit dans l'espèce.

S'il est vrai que la Cassation n'est autre chose qu'une déclaration souveraine d'une nullité radicale inhérente à l'acte cassé, et qui est telle que cet acte est censé n'avoir jamais existé;

S'il est vrai que la Cassation annulle et fait disparaître, non-seulement l'acte qualifié arrêt, mais *tout ce qui s'en est ensuivi*, mais tous les actes ultérieurs faits en exécution de cet arrêt;

S'il est vrai que, par la Cassation, les Parties sont ou doivent être *remises dans l'état où elles étaient avant l'arrêt cassé;*

Il s'ensuit inévitablement, forcément, que tous les jugemens subséquens qui furent rendus en exécution de cet arrêt cassé; que telle expertise, telle opération, telle adjudication ou vente, qui furent faites par suite ou en exécution du même arrêt, sont pareillement annullés de plein droit, doivent pareillement tomber et disparaître en même temps.

Cette conséquence est irrésistible.

— « OH! MAIS, ne voyez-vous pas, nous dit-on, que d'une telle conséquence, si elle était admise, résulteraient des maux incalculables, les désordres les plus effrayans! Quoi donc! d'une part, la loi nous dit que les arrêts des Cours sont des jugemens en dernier ressort; qu'ils ne sont plus susceptibles d'être infirmés ni même attaqués, sous prétexte d'erreur ou de mal jugé.

» A la vérité, il est reçu, par exception, qu'au cas où ces arrêts contiendraient une contravention expresse aux lois de l'Etat, ils peuvent être dénoncés au Souverain, et par lui déclarés nuls, si la contravention est constatée.

» Mais la loi exceptionnelle, qui autorise ce recours extraordinaire, a soin d'ajouter, qu'il *n'arrête pas l'exécution* de l'arrêt; que cette exécution peut toujours avoir lieu provisoirement, tant que la cassation n'est pas prononcée.

» Eh bien! sur la foi d'un arrêt solemnel, qui a positivement jugé que tel immeuble appartenait à tel individu, j'ai acheté cet immeuble. Il y a plus : par suite et en exécution de cet arrêt, la licitation de cet immeuble a été poursuivie en justice ; la vente en a été annoncée par des affiches, dans les feuilles publiques, comme autorisée par un arrêt de Cour souveraine.

« Après plusieurs publications, cet immeuble, divisé en plusieurs lots, a été adjugé par le magistrat, en plein tribunal, à divers particuliers qui ont transmis leurs lots à d'autres individus.

» Et, quand cet immeuble a été ainsi judiciairement vendu, transmis dans plusieurs mains, en vertu d'un arrêt qu'ils devaient croire irrévocable ; cet arrêt venant à être cassé, sur un pourvoi qu'ils ignoraient, qui ne leur a pas été dénoncé ; ces tiers pourraient être dépouillés de leur acquisition, frustrés des effets d'une vente à eux légalement faite, en danger de perdre le prix qu'ils auraient déjà payé ! Cela peut-il se concevoir ?

» Ce serait les punir d'avoir eu confiance dans la stabilité des décrets de justice ; leur enlever des droits acquis ; porter atteinte au respect dû aux jugemens des Cours ; anéantir l'autorité de la chose jugée ; rendre incertaine et flottante une grande partie des propriétés qui sont entre les mains des citoyens ; exposer la société à des bouleversemens continuels ! etc. . . . . »

SANS DOUTE, on ne peut nier que quelques inconvéniens ne soient attachés à ce que nos réglemens ont autorisé l'exécution provisoire en matière civile , nonobstant le pourvoi ; à ce que , d'un autre côté , tout ce qui a été fait par suite de cette exécution autorisée , soit dans le cas d'être révoqué , détruit , comme illégal et nul , en cas de cassation obtenue.

Mais il en est ainsi de toutes les institutions humaines. Parmi les plus sages , les plus salutaires , les plus indispensables au bon ordre de la société , il n'en est pas une seule qui soit exempte du malheur de présenter quelque côté défectueux.

Mais , alors même qu'une mesure générale peut entraîner quelques maux particuliers , le Législateur n'en doit pas moins marcher à son but : celui de donner à son gouvernement , à l'État qu'il régit , toute la régularité , tout le perfectionnement dont il est susceptible.

Et , parmi les diverses mesures que peut commander le bon gouvernement d'un État , pourrait-on en citer une plus utile , d'une nécessité plus manifeste , que celle ayant pour objet d'assurer l'exacte observation des lois ; d'empêcher , de réprimer les atteintes qui leur seraient portées par les fonctionnaires mêmes qui ont été institués pour juger les citoyens conformément aux lois.

Or , ces atteintes seraient-elles réprimées , empêchées , si , alors qu'un jugement est déclaré avoir été rendu contrairement aux lois , il jouissait cependant du privilége de subsister dans ses effets ?

Cette exécution, il est vrai, a été autorisée nonobstant le pourvoi, (Loi du 1er. décemb. 90, art. 14). Pourquoi? Parce que la présomption est en faveur du jugement; parce qu'un arrêt de Cour surtout, doit toujours être présumé, jusqu'à preuve du contraire, exempt de la contravention qui lui est imputée ; parce que, jusqu'à la constatation légale de cette contravention, respect et déférence lui sont provisoirement dus.

Mais, remarquez-le bien, l'exécution ne lui est accordée nonobstant le pourvoi, qu'*à titre provisoire ;* tout ainsi que l'exécution provisoire est quelquefois conférée à certains jugemens de premier ressort, *nonobstant l'appel.*

Et, de même que, quand ces jugemens de première instance sont infirmés sur l'appel, l'exécution qui leur a été provisoirement donnée est totalement rapportée, et les parties remises au même état qu'avant le jugement : de même aussi, quand un arrêt a été exécuté nonobstant le pourvoi, et qu'il vient à être cassé, tout ce qui a été fait en vertu de cette exécution provisoire, doit être défait, rapporté, et les parties remises dans le même état où elles étaient auparavant.

Cela posé, est-ce un immeuble qui a été l'objet du procès entre deux contendans, et cet immeuble a-t-il été adjugé à *Pierre* par arrêt ou jugement en dernier ressort ? Sans contredit, encore que *Paul* intente le recours en cassation contre cet arrêt, *Pierre* pourra en forcer l'exécution ; s'emparer de l'immeuble, en toucher les fruits, même le mettre en vente ; et la vente, si elle est faite en forme régulière, sera valable, mais d'une validité *purement provisoire et conditionnelle*, d'une validité qui ne tiendra définitivement, *qu'autant et que si le pourvoi est rejeté*.

Que si, au contraire, l'arrêt est cassé, la vente tombera de plein droit avec lui ; puisqu'alors il sera souverainement jugé que cet arrêt, base de la vente, était vicié d'une nullité radicale ; puisqu'alors il sera jugé par l'autorité suprême, que cet arrêt *n'a pas existé légalement.*

Si l'arrêt est cassé, la vente sera nulle, non-seulement à l'égard de *Pierre*, vendeur, mais encore à l'égard des *tiers* qui auront acheté : d'après la maxime de tous les temps et de tous les lieux : que nul ne peut transférer à d'autres plus de droits qu'il n'en a lui-même : *nemo plus juris in alium transferre potest, quam ipse habet ;* et que, *resoluto jure dantis, resolvitur et jus accipientis.*

Et ni le vendeur, ni les acquéreurs, ne seront fondés à se plaindre de la loi qui le veut ainsi.

Car, d'abord, quant au *vendeur*, il savait très-bien qu'il n'avait qu'une *saisine provisoire* de l'immeuble,

meuble ; qu'il n'avait, à cet immeuble, qu'un *droit* encore *incertain*, qu'un droit *conditionnel et résoluble ;* droit qui ne serait définitivement fixé qu'après le jugement du pourvoi.

Quant aux *acquéreurs*, ils ont dû, avant de traiter, s'informer de la qualité et des droits du vendeur ; et, voyant que son droit à l'immeuble résultait d'un arrêt, ils devaient exiger qu'on leur justifiât que cet arrêt était à l'abri de la cassation.

Avertis qu'il existait un pourvoi, la prudence leur ordonnait d'en attendre l'événement.

Au lieu d'attendre, ils se sont empressés d'acheter, pour avoir meilleur marché ; ils se sont donc volontairement exposés à subir les chances de ce pourvoi : espérant l'avantage d'être maintenus en cas de rejet : courant le risque d'être évincés au cas de cassation, sauf leur recours contre le vendeur.

Dès-là qu'ils se sont volontairement exposés à ce qui leur arrive, ils n'ont aucun sujet de se plaindre : *qui damnum suâ culpâ sentit, damnum sentire non videtur.*

« Mais, dit-on, c'est ravir des *droits légitimement* » *acquis.* »

Il est plusieurs sortes de *droits acquis.* Il en est qui sont acquis à titre définitif et irrévocable. Il en est qui ne sont acquis qu'à titre révocable et résoluble.

Rien de plus sacré, sans doute, que les droits résultans de décisions judiciaires ; mais les arrêts mêmes des Cours d'appel ne confèrent des droits irrévocables, que lorsqu'ils ne sont plus susceptibles de *cassation ;* et ils n'acquièrent ce caractère d'irrévocabilité, qu'après que le délai du recours est expiré sans qu'ils aient été attaqués, ou qu'après que le pourvoi dirigé contre eux a été rejeté.

Quiconque, encore une fois, ne possède un immeuble qui lui était contesté, qu'en vertu d'un arrêt, ne peut se croire assuré de la jouissance définitive et incommutable de cet immeuble, qu'après qu'il n'a plus à redouter l'événement d'une cassation. Jusques-là, sa possession n'est que *provisoire et révocable ;* et s'il vend, en cet état de révocabilité, il ne transfère à l'acheteur, qu'un droit également *susceptible de révocation.* Si une cassation survient, il n'éprouve que ce à quoi il a dû s'attendre.

Est-il donc plus à plaindre, que celui qui a acheté un immeuble, que le vendeur ne possédait qu'en vertu d'une *donation* à lui faite par une personne *sans enfans ?*

Cette donation avait été faite en forme parfaitement régulière, à titre perpétuel et irrévocable, entre personnes également capables, et en pleine propriété.

Après quinze, vingt années de la possession la plus paisible, un enfant survient au donateur. — Voilà la donation annullée, non-seulement à l'égard du *donataire*, mais même à l'égard des *tiers*, quels qu'ils soient. (C. C. 960).

Par le seul fait de la survenance inattendue de cet enfant, même posthume, voilà les *tiers acquéreurs* évincés tout-à-coup de la propriété et possession de cet immeuble ; comme aussi tous les tiers *créanciers* frustrés des hypothèques acquises sur les mêmes biens ! tant est grande, inévitable, la force du principe : *Nemo plus juris in alium transferre potest, etc.*

Peut-il se dire plus digne d'intérêt que ces tiers, celui qui, spontanément, et souvent par une collusion peu délicate, s'est empressé d'aller acheter d'un plaideur un immeuble litigieux, avant de s'être assuré que l'arrêt qui le lui avait attribué n'était plus susceptible d'être révoqué ?

Quant au prétendu danger de bouleverser la société, de rendre toutes les propriétés incertaines et flottantes, d'anéantir l'autorité de la chose jugée ; il est purement imaginaire !

D'abord, la dénomination de *chose jugée*, est ici improprement employée. Un arrêt de Cour royale est un jugement *en dernier ressort*, sans contredit ; mais il n'a véritablement acquis *l'autorité de chose*

irrévocablement jugée, que lorsqu'il n'est plus sus=
ceptible d'être rétracté ou cassé ; ce qui n'a lieu que
quand la partie a formellement acquiescé à l'arrêt ,
ou qu'elle a laissé écouler le délai du pourvoi sans
l'intenter ; ou lorsque, l'ayant intenté, sa requête a
été rejetée.

*Propriétés incertaines et flottantes ! — Société
bouleversée !*

Ce sont là de vains mots , de pures exagérations;
verba et voces......

Depuis des siècles que la cassation est pratiquée
en France , et qu'il a été de jurisprudence constante
que toutes les exécutions données à un arrêt cassé
tombent avec lui ; on ne s'est pas encore aperçu que
l'ordre social en ait été bouleversé; on ne s'est pas
encore aperçu que le commerce des immeubles en
ait été paralysé, qu'un grand nombre de tiers ac=
quéreurs en aient reçu de graves atteintes.

Au contraire, les évictions résultantes de cassa=
tions, ont été *très-rares ;* et pourquoi?—Parce que
chacun sait très-bien que la cassation d'un arrêt en=
traîne la révocation de tout ce qui a été fait en vertu
de ses dispositions; parce que chacun sait que du
moment qu'un immeuble a été contesté à quelqu'un,
encore bien qu'un arrêt lui en ait décerné la pro=
priété , il est prudent de ne pas le lui acheter, si ce
n'est lorsqu'il n'y a plus de pourvoi à craindre,

Admettéz une jurisprudence contraire : quels inconvéniens n'en verrez-vous pas aussitôt surgir? Inconvéniens aussi graves que réels !

Tout plaideur qui aurait obtenu un arrêt favora-
ble relativement à un immeuble, ne manquerait pas
de le mettre aussitôt en vente, nonobstant tout pourvoi signifié et même admis : ou bien encore, il pour-
rait se contenter de faire apparaître un contrat si-
mulé.

Vainement ensuite l'arrêt serait-il censuré et cassé
par la Cour suprême, comme infecté des vices les
plus intolérables; vainement serait-il ordonné de
rendre tout ce qui aurait été appréhendé en vertu de
l'arrêt cassé; si la vente était maintenue, si le tiers
acquéreur n'était pas obligé à délaisser l'immeuble
en nature ; s'il en était quitte pour dire : adressez-
vous à celui qui m'a vendu, je l'ai payé; voici sa
quittance ; la cassation ne serait plus qu'un vain remède ; la partie condamnée s'en rirait, et ne resti-
tuerait rien.

Car, pour le téméraire plaideur, qui n'a que du
mobilier, rien de plus facile que d'éluder toutes les
condamnations de la justice.

Et si ses biens étaient dans le cas de donner prise
à des poursuites utiles, toujours pourrait-il impu-
nément soustraire une forte partie du véritable prix
de l'immeuble, au moyen d'une fausse énonciation
de ce prix dans le contrat.

En un mot, maintenir les ventes faites dans l'intervalle de l'arrêt à sa cassation, dire que la partie à laquelle l'immeuble en litige aura été définitivement jugé appartenir, n'a droit de répéter que le prix moyennant lequel sa partie adverse aura déclaré vendre cet immeuble; ce serait ouvrir la porte aux fraudes les plus préjudiciables, rendre vain et purement frustratoire le remède de la cassation ; ce serait en réalité valider, consacrer les arrêts déclarés nuls, que d'en maintenir les effets !

Un arrêt de la Cour de Bordeaux avait envoyé le nommé *Jean*, en possession de certains biens, délaissés par le sieur *de Lalo*, dont il avait été jugé enfant naturel.

Les héritiers légitimes intentent le pourvoi contre cet arrêt et parviennent à le faire casser ; puis, sur le renvoi à la Cour d'Agen, le nommé Jean est définitivement exclu de la succession.

Cependant, dans l'intervalle du premier arrêt à sa cassation, *Jean* s'était empressé de vendre plusieurs immeubles de cette succession à un sieur *Martin*.

Cet acquéreur est actionné en délaissement par les héritiers *Lalo*. Il répond que dès-là que le pourvoi n'est pas suspensif, *Jean* avait pu valablement lui vendre ; et qu'il avait acheté de bonne foi.

Jugement du tribunal local, puis Arrêt de la Cour de *Bordeaux* (la même qui avait rendu l'arrêt cassé), qui condamne l'acquéreur à déguerpir, par les motifs suivans :

« Attendu que *Jean* n'avait pu transporter à *Pierre Martin*, que les droits qui lui appartenaient réellement ;

» Qu'il n'en avait pas d'autres que ceux que lui avait conférés l'arrêt du 5 thermidor an 10 ;

» Que ces droits n'étaient point des droits de propriété incontestables ;

» Que pour qu'ils eussent eu ce caractère, il aurait fallu que l'arrêt du 5 thermidor eût eu l'autorité de la chose jugée, stable et permanente ; que s'il avait eu cette autorité, la Cour de Cassation l'aurait maintenu, puisque l'art. 3 de la loi du 14 floréal an 11 portait que les jugemens *passés en force de chose jugée* par lesquels l'état et les droits des enfans naturels auraient été réglés, resteraient maintenus selon leur forme et teneur ;

» Que le titre de *Jean* pouvant être rescindé, il n'avait transmis, par le contrat du 3 frimaire an 11, *qu'un droit de propriété sujet à rescision* ; et que ce droit avait été rescindé, en effet, puisque le jugement d'où il émanait avait été cassé ;

» D'où il résultait évidemment que ce contrat était nul par rapport aux héritiers Lalo.

» En ce qui concerne *les fruits*,

» Attendu que la restitution des fruits, à compter du jour du contrat, ne peut être ordonnée que lorsque l'acquéreur est constitué en mauvaise foi; que, dans l'hypothèse, feu Martin ne peut être réputé acquéreur de mauvaise foi, puisqu'il a acquis sous un titre coloré, qu'il pouvait espérer de voir confirmer; d'où il suit que la veuve Martin ne peut être tenue à la restitution des fruits qu'à compter du jour de la demande, etc.... »

(Arrêt du 14 août 1809, Recueil *Sirey*, vol. 1811.)

Depuis cet arrêt, le même cas s'est certainement représenté plusieurs fois, mais n'a donné lieu à aucune contestation nouvelle. Il ne s'en trouve aucun autre exemple dans les différens recueils judiciaires.

Mais, tout récemment, un homme s'est rencontré qui s'est cru assez puissant pour renverser un principe si constant et si long-temps respecté.

Il a essayé de le remettre en question devant le tribunal de la Seine; et voici comment ce tribunal a répondu à ses efforts :

«ATTENDU que, sur le pourvoi du marquis *d'Epinay-Saint-Luc*, contre l'arrêt de la Cour de Paris, cet arrêt a été cassé, et les parties renvoyées devant la Cour de *Rouen*.

» Attendu que par arrêt du 22 juillet 1820, cette Cour a déclaré *M. Duclaux* non-recevable en sa demande ;

» Attendu que *M. Duclaux* s'étant, à son tour, pourvu contre cet arrêt, son pourvoi a été rejeté ;

» *Qu'ainsi, il est irrévocablement jugé que M. Duclaux n'a, et n'a jamais eu aucun droit à la propriété et jouissance des bois dont s'agit ;*

» Que, dans cet état, *la demande du marquis d'Espinay-Saint-Luc, afin d'être réintégré dans la possession et jouissance desdits bois, et afin de restitution de la valeur des coupes qui ont été faites, n'est que l'exécution nécessaire de la chose définitivement jugée par l'arrêt de la Cour de Rouen.*

» En ce qui touche *la demande du marquis d'Espinay, contre les sieur et dame* Lemonnier, en déclaration de jugement commun, *afin de déguerpissement du bois des Vifs et des Vieux, afin de restitution de la valeur des coupes ;*

» *Attendu qu'il est de principe en droit, que le vendeur ne transmet à son acquéreur, que le droit qu'il avait dans la chose vendue ;* et que ce principe reçoit son application, soit qu'il s'agisse d'une vente faite par contrat ordinaire, soit qu'il s'agisse d'une vente faite avec les formalités judiciaires ;

» *Attendu que l'arrêt de la Cour de Rouen*

*ayant jugé que M. Duclaux n'était pas propriétaire,
il s'ensuit que l'adjudication faite du bois des Vifs,
aux sieur et dame Lemonnier, sur la poursuite du
sieur Duclaux, n'a pu transmettre aux sieur et
dame Lemonnier la propriété de ces bois, et qu'ils
doivent être tenus d'en faire la restitution aux vé-
ritables propriétaires, etc. »*

Mais, sur l'appel de ce jugement, la Cour royale
de Paris a porté une décision toute contraire.

Elle a maintenu la vente ; ordonné que *le prix*
seulement en serait remis à la partie définitivement
jugée propriétaire de l'immeuble.

Ses motifs ont été ceux qui ont été ci-devant ana-
lysés et discutés.

On assure que ce dernier arrêt, frappé d'un nouveau pourvoi, est en ce moment soumis à la haute
police de la Cour suprême.

Que dirait une Cour d'appel, si, après avoir in-
firmé un jugement de première instance, exécutoire
par provision, elle voyait un tribunal inférieur dé-
cider que cette exécution provisoire doit demeurer
définitive ?

Ne serait-elle pas fondée à dire qu'il y a dans cette
décision une atteinte portée à son autorité, une ré-

sistance condamnable de l'inférieur à son supérieur, une subversion intolérable de l'ordre hiérarchique des tribunaux ?

De même, ici, ne peut-on pas dire qu'il y a un excès de pouvoir manifeste, dans l'arrêt dont il s'agit ? une violation de toute la loi constitutive de la Cour de cassation ? une tendance à neutraliser l'autorité suprême dont elle est revêtue !

Alors qu'un arrêt a été cassé, alors qu'il est ordonné que cet arrêt doit être considéré comme nonavenu, comme anéanti dans son principe et dans toutes ses conséquences, que les parties seront *remises dans le même et semblable état où elles étaient auparavant ;* juger que néanmoins cet arrêt doit subsister dans ses effets ; que l'exécution provisoire qui lui a été donnée doit demeurer définitive: N'est-ce pas infirmer, *casser,* de fait, *l'arrêt même de cassation ?*

Telle est la question sur laquelle la Cour régulatrice sera incessamment appelée à délibérer.

En attendant sa décision, nous avons cru pouvoir nous permettre de lui offrir les documens et observations contenus en ce bref Écrit.

Puisse-t-il ne pas être trouvé indigne de fixer un instant ses regards !

Puisse-t-il contribuer à élucider utilement une question qui touche à l'organisation même de notre système politique, dont la solution intéresse non-seulement les justiciables, mais aussi tout l'ordre judiciaire; sur laquelle il importe au bien de l'Etat qu'il n'existe plus entre les Cours aucun germe de division.

GUICHARD,

*Avocat aux Conseils du Roi, et
à la Cour de Cassation.*

(AVRIL 1825.)